Des ponts spectaculaires

**Directeur de collection :
Léo-James Lévesque**

Margaret Lysecki

Table des matières

Des ponts partout

Il y a des ponts partout. Nous passons sur les ponts pour différentes raisons. Certains ponts nous aident à traverser les rivières. Les sauts-de-mouton nous permettent de passer par-dessus les voies ferrées et les autoroutes. Les passerelles sont des ponts étroits pour les piétons.

Tous les ponts servent à relier des endroits et des personnes.

Un saut-de-mouton au-dessus d'une autoroute.

Un aqueduc construit par les Romains. Les **aqueducs** sont des ponts qui transportent l'eau d'un endroit à un autre.

Qu'est-ce qu'un pont?

Un pont est une structure qui relie deux endroits séparés par
un **obstacle**.

Un pont doit être solide. Il doit résister aux **forces** qui le poussent
et le tirent. Le poids du pont est une force. Le poids des véhicules
qui passent sur le pont est une autre force. De plus, un pont doit
résister aux forces du vent, de l'eau et des mouvements de la Terre.
Si le pont ne peut pas résister à ces forces, il va s'effondrer.

Ce pont n'était pas assez solide. Il n'a pas
résisté aux forces du vent et de l'eau.

Les ponts subissent deux forces principales. On les appelle la **compression** et la **traction**. La compression pèse sur un objet et la traction étire un objet. Un pont doit être assez solide pour supporter ces deux forces.

Les ingénieurs sont responsables de la construction des ponts. D'abord, ils déterminent le meilleur endroit pour construire un pont. Puis, ils dessinent un plan du pont. Ensuite, ils choisissent les matériaux de construction.

La compression et la traction

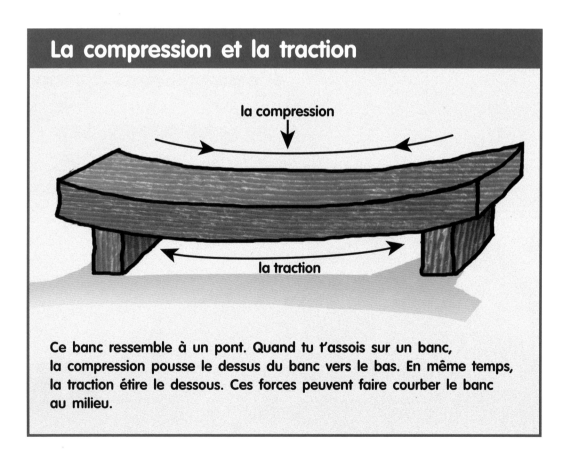

Ce banc ressemble à un pont. Quand tu t'assois sur un banc, la compression pousse le dessus du banc vers le bas. En même temps, la traction étire le dessous. Ces forces peuvent faire courber le banc au milieu.

Les types de ponts

Le pont à poutre

Le pont à **poutre** est le pont le plus simple à construire. La partie du pont où les voitures circulent s'appelle le **tablier**. Les **butées** supportent chaque extrémité du tablier. La partie du tablier entre les butées s'appelle la **travée**. Un poids lourd sur le tablier peut faire courber le milieu du pont. Plus la travée est longue, plus le pont est faible.

Pour rendre le pont plus solide et plus stable, on ajoute des **treillis**. Les treillis servent à soutenir les poutres. Ils répartissent le poids le long du pont. Alors, le pont peut supporter un gros poids.

Le pont à poutre.

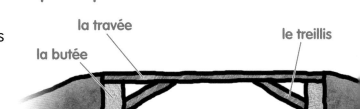

la travée

la butée

le treillis

On a construit les treillis de ce pont à poutre sur la poutre.

6

Le pont en arc

Un pont en **arc** est en forme de demi-cercle. Les deux bouts de l'arc supportent le tablier et rendent le pont plus solide. Les ingénieurs augmentent le nombre d'arcs pour faire un pont plus solide et plus long. Des **culées** supportent le pont en arc.

Les premiers ponts en arc étaient en pierre. Une pierre centrale appelée **clé de voûte** gardait les autres pierres en place.

Le pont en arc.

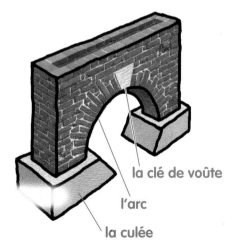

la clé de voûte

l'arc

la culée

Le pont Rainbow, aux chutes Niagara, en Ontario, est un pont en arc.

Un pont en arc fait de pierre.

On a construit des maisons sur le Ponte Vecchio, à Florence, en Italie. C'est un pont en arc.

Le pont suspendu

Les ponts suspendus sont les plus longs ponts du monde. Ils sont aussi les plus légers et les plus chers. Des câbles d'acier soutiennent un pont suspendu. Ces câbles passent en haut des pylônes et sont ancrés dans le sol sur chaque rive. On fixe les pylônes sur des culées. Les câbles et les pylônes supportent le tablier du pont. On peut voir des ponts suspendus au-dessus de larges étendues d'eau.

La plupart des ponts suspendus ont des treillis sous leur tablier. Les treillis gardent le tablier stable.

Le pont suspendu.

Le pont suspendu Capilano, en Colombie-Britannique, a une longueur de 137 m et une hauteur de 70 m. C'est la plus haute passerell suspendue du monde.

Les touristes aiment bien marcher sur son tablier, qui se balance.

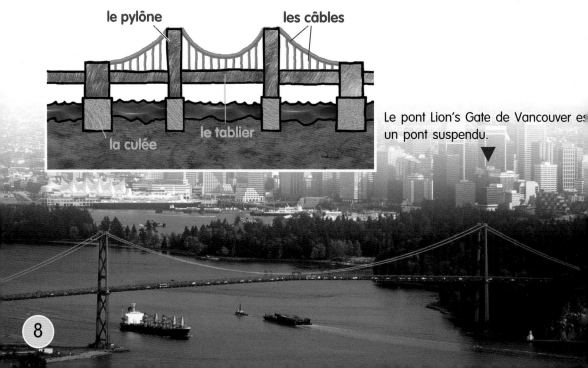

le pylône

les câbles

la culée

le tablier

Le pont Lion's Gate de Vancouver es un pont suspendu.

Les ponts de chemin de fer

Dans les années 1850, on a construit un chemin de fer d'un bout à l'autre du Canada. La partie la plus dangereuse de cette voie ferrée était en Colombie-Britannique. On devait construire des ponts sur **chevalets** pour franchir les montagnes. Les chevalets supportent le tablier du pont. Les chevalets étaient des structures de pièces de bois entrecroisées. Aujourd'hui, ils sont en acier. L'acier est plus stable et plus solide.

Les chevalets en bois des chemins de fer n'avaient pas l'air solides. Cependant, ils pouvaient supporter des trains très lourds.

Un pont de chemin de fer à chevalets.

la voie ferrée

les chevalets

Les ponts couverts

Les ponts couverts ont un toit et des murs. Ils sont en bois. On a construit de nombreux ponts couverts dans l'est du Canada, au milieu des années 1800. Le Québec compte 57 pour cent des ponts couverts canadiens. Autrefois, on pouvait entendre le trot des chevaux qui passaient sur le pont.

Un pont couvert.

le toit

le mur

le treillis

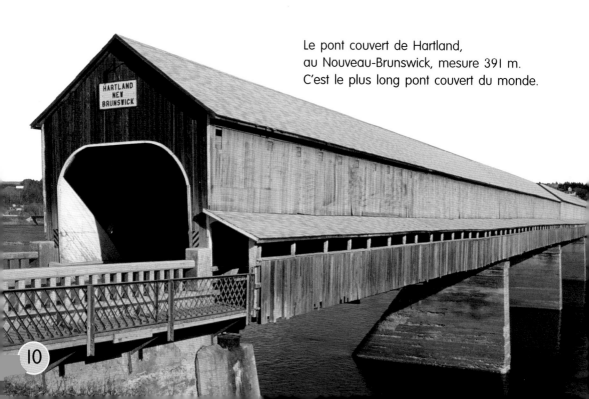

HARTLAND
NEW
BRUNSWICK

Le pont couvert de Hartland, au Nouveau-Brunswick, mesure 391 m. C'est le plus long pont couvert du monde.

Les ponts cantilever

À la fin des années 1800, les ponts cantilever étaient populaires. Un pont cantilever est une sorte de pont à poutre. Il a des **bras** encastrés dans des pylônes. Ces bras supportent la travée centrale du pont.

Le pont Jacques-Cartier, à Montréal, est un pont cantilever. Tu peux le voir à la page titre de ce livre.

Le pont cantilever.

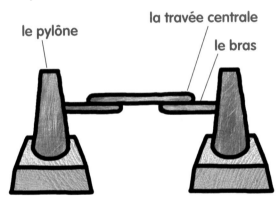

le pylône

la travée centrale

le bras

Les tragédies du pont de Québec

Le vieux pont de Québec passe au-dessus du fleuve Saint-Laurent, près de la ville de Québec. C'est le plus long pont cantilever du monde. Deux accidents très graves sont arrivés durant sa construction. Ces accidents ont causé la mort de 86 travailleurs. Quelle catastrophe! On a finalement inauguré le pont en 1919.

Depuis ces tragédies, les ingénieurs créent des structures plus sécuritaires.

Le pont de Québec au moment de l'effondrement de la travée centrale, en 1916.

Les ponts en béton

Depuis le début des années 1900, les ingénieurs construisent des ponts en béton armé. Cette sorte de béton contient des barres d'acier. Les barres d'acier renforcent le béton.

Le pont Broadway, au-dessus de la rivière Saskatchewan Sud, est en béton armé. C'est un pont en arc construit en 1932. Ce pont est toujours utilisé de nos jours.

Le pont de la Paix

Le pont de la Paix, à Fort Erie, en Ontario, est un pont en arc fait de béton armé. Il relie le Canada aux États-Unis. Il est un symbole d'amitié entre les deux pays.

Le pont Broadway, à Saskatoon, en Saskatchewan, est un symbole de la force et de la beauté du béton armé.

Les ponts modernes

Le pont Angus L. Macdonald

On construit souvent les ponts modernes avec plus d'un matériau. Le pont Angus L. Macdonald est en acier et en béton armé. Chacun des pylônes du pont est aussi haut qu'un édifice de 25 étages. Les deux câbles principaux mesurent presque 6800 km! C'est un pont suspendu solide et sécuritaire.

On a construit le pont Angus L. Macdonald en 1955. Il relie les villes d'Halifax et de Dartmouth, en Nouvelle-Écosse.

Le pont de la Confédération

On a terminé la construction du pont de la Confédération en 1997. Ce pont relie l'Île-du-Prince-Édouard au Nouveau-Brunswick. Il traverse le détroit de Northumberland. C'est l'un des ponts les plus longs du monde. Il s'étire sur environ 13 km.

Un pont en plastique !

Au Québec, des ingénieurs de l'Université de Sherbrooke ont inventé un pont en plastique ! En fait, il est en plastique et en fibre de verre. Il passe au-dessus de la rivière Magog, en Estrie. Il est léger, ne rouille pas et s'entretient facilement.

Avant la construction du pont de la Confédération, les gens prenaient le traversier. Le voyage prenait trois heures. Aujourd'hui, les gens traversent ce pont en 12 minutes en auto !

Glossaire

aqueduc	un pont qui transporte l'eau d'un endroit à un autre
arc	une structure en courbe qui aide à supporter un pont
bras	les parties de chaque côté d'un pont cantilever
butées	les murs de pierre, de brique ou de béton qui supportent un pont
chevalets	les charpentes qui soutiennent un pont
clé de voûte	la pierre centrale au-dessus d'un arc. Elle maintient les pierres en place
compression	l'action de presser un objet, de le serrer
culées	les soutiens à chaque extrémité d'un pont
force	une énergie ou une puissance
obstacle	quelque chose qui rend le mouvement difficile ou qui empêche d'avancer
poutre	une barre de bois ou de métal, longue et épaisse
tablier	la partie d'un pont où passent les voitures ou les trains
traction	l'action de tirer
travée	la partie d'un pont entre deux points d'appui
treillis	les structures, faites de poutres de bois ou de métal, qui soutiennent un pont

Index